AF339485

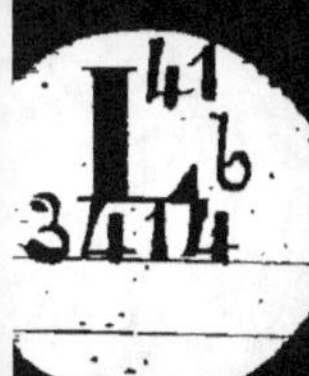
L 41
b
3414

Lb 41
3414

ORAISON FUNÈBRE

DE

MARIE-ANTOINETTE,

ORAISON FUNÈBRE

DE

MARIE-ANTOINETTE,

ARCHI-DUCHESSE D'AUTRICHE,

FILLE DE L'IMPÉRATRICE-REINE MARIE-THÉRÈSE,

FEMME DE LOUIS XVI,

DÉDIÉE

A

SON ALTESSE ROYALE MADAME,

DUCHESSE D'ANGOULÊME.

PAR F. ROULLION-PETIT,

ANCIEN PROFESSEUR D'ÉLOQUENCE ET
DE PHILOSOPHIE.

PARIS,

Chez { CÉRIOUX jeune, libraire, quai Malaquais, n° 15.
CHAIGNIEAU jeune, imprimeur-libraire, rue Saint-André-des-Arcs, n° 42.

IMPRIMERIE DE CHAIGNIEAU JEUNE.

1814.

A SON ALTESSE ROYALE

MADAME,

DUCHESSE D'ANGOULÊME.

AUGUSTE PRINCESSE,

Vos rares qualités ont reçu là ré-
compense la plus digne de votre
cœur, dans ces heureux jours d'al-

légresse où les Français ont pu se livrer à toute l'effusion de leur tendresse respectueuse, et de l'élan spontané de leur vive admiration. L'événement inespéré de votre retour miraculeux est pour toute une nation le gage le plus certain de cette félicité qu'elle semblait avoir perdue pour toujours.

Au milieu de ce concert de bénédictions publiques, que votre ALTESSE partage avec son illustre famille, sera-t-il permis à un Français, admirateur constant de ces vertus sublimes et héroïques qui vous ont élevée au-dessus des plus cruelles épreuves de l'adversité, de vous dédier *l'Oraison funèbre* d'une mère non moins illustre qu'infortunée, qui, par son sublime courage et ses nobles qualités, fut si digne de donner le jour au plus parfait modèle de candeur et de bonté, et à l'objet de la vénération publique.

Avant votre glorieuse arrivée j'ai eu l'honneur de dédier *l'Oraison funèbre* du vertueux Louis XVI à son Altesse Royale, MONSIEUR, qui a bien voulu l'accueillir avec bonté. Le plus ardent de mes vœux se trouverait accompli, si, en agréant ma faible offrande, votre ALTESSE daignait répandre sur mon hommage, quelques rayons de cette

gracieuse bienveillance qui charme
et électrise tous les cœurs.

J'ai l'honneur d'être, avec le dé-
vouement le plus respectueux,

de Votre ALTESSE ROYALE,

MADAME,

le très-humble et très-obéissant
serviteur,

F. ROULLION-PETIT.

Présentée par CÉRIOUX jeune,
Éditeur.

ORAISON FUNÈBRE

DE

MARIE-ANTOINETTE,

ARCHI-DUCHESSE D'AUTRICHE,

FILLE DE L'IMPÉRATRICE-REINE MARIE THÉRÈSE,

FEMME DE LOUIS XVI.

Il est des ames privilégiées à qui la nature semble avoir départi des forces surnaturelles qui les élèvent au-dessus de tous les événemens, en leur inspirant, au milieu des plus grands périls, cette courageuse fermeté que rien ne peut ébranler. Ces caractères augustes, bien faits pour exciter l'étonnement et l'admiration, n'empruntent leur éclat, ni de la fortune, ni de la grandeur : il semble au contraire que c'est dans les épreuves de la plus cruelle adversité qu'ils puisent leur

force et leur résistance ; et que plus les obs-
tacles se multiplient et les dangers s'accroissent ; plus leur volonté se roidit , plus
leur caractère se raffermit. Horace s'était di-
gnement pénétré de l'énergie de ces sortes
de caractères , lorsqu'en parlant de l'homme,
fort et robuste , il dit , pour peindre d'un
seul trait , ce courage inébranlable , qui n'est
susceptible d'aucune crainte ; que *l'univers
entier s'écroulerait vainement sous ses pieds ,
on le verrait calme et paisible au milieu de
cette épouvantable catastrophe.*

Ces êtres d'une espèce rare et extraordinaire semblent commander par eux-mêmes
le respect et l'admiration. Tant est grand et
irrésistible l'ascendant d'un noble caractère,
le pouvoir d'une vertu qui ne se laisse ni sé-
duire ni intimider ! Un pareil spectacle est
imposant , et mérite bien sans doute de fixer
les regards des faibles mortels. Mais si à cette
admirable qualité viennent se joindre la
pompe des grandeurs , l'éclat du rang , la
splendeur des dignités , une origine des plus
illustres , de quelle vive émotion , de quels
transports de respect et d'enthousiasme ne

sommes-nous pas pénétrés , en contemplant l'auguste victime qui , livrée aux traits de la plus. affreuse persécution , en butte à tous les outrages de l'infortune et de la calamité , voyant se ramasser sur sa tête toutes sortes d'orages et de tempêtes , aperçoit autour d'elle les éclats de la foudre ; et après avoir vu périr de la manière la plus épouvantable tout ce qui l'intéresse , tout ce qui l'attache à l'existence , est elle-même frappée du coup funeste ; et tombe victime courageuse des coups terribles auxquels la fragilité humaine ne peut se soustraire ; sans que sa vertu découvre la moindre faiblesse , sans que son courage se démente un seul instant.

Tel est le spectacle intéressant que nous présente MARIE - ANTOINETTE , Reine de France , dans cette lutte pénible et douloureuse , où la révolte aux prises avec l'autorité , après avoir déchiré la monarchie par lambeaux , porta ses mains criminelles , sur les dépositaires de la puissance souveraine ; et se souilla du sang de ces victimes illustres, qui méritèrent à tant de titres les respects et l'admiration du monde entier.

Digne fille de Marie-Thérèse, dès l'aurore de sa vie, tout annonçait dans cette
princesse une ame grande et fière. A peine
âgée de quinze ans, elle fut mariée à Louis
XVI, et fut reçue en France, comme un
ange consolateur qui devait faire oublier les
malheurs du long règne de Louis XV. Elle
parut au milieu du peuple le plus aimant de
la terre sous le cortège des grâces et de la
beauté : au port le plus majestueux, aux
yeux les plus beaux et les plus expressifs, à
la taille la plus élégante et la plus noble,
elle joignait un esprit vif, une humeur en-
jouée, un caractère ferme et décidé, un ton
de grandeur et de fierté même, qui décélait
l'éclat et la majesté du rang, et qui semblait
annoncer l'auguste fille des Césars. Des fêtes
et des réjouissances célébrèrent cette glorieuse union que tous les français accueillirent
avec les transports de l'enthousiasme : un
accident funeste qu'une sage prévoyance aurait dû prévoir et empêcher, couvrit d'un
crèpe funèbre des jours consacrés à la joie
et aux plus douces jouissances ; et sembla
préluder à ce long tissu de peines et de souf-

frances, dont l'auguste couple devait être enveloppé.

Ainsi dès le début d'une navigation , s'il survient dans le bâtiment quelqu'accident funeste, la tristesse s'empare de tout l'équipage, qui dès-lors calcule et prévoit en quelque sorte tous les périls attachés à sa périlleuse entreprise.

L'événement pénible qui avait attristé tous les cœurs développa l'ame sensible et généreuse de MARIE-ANTOINETTE. On la vit, avec autant d'attendrissement que de reconnaissance, partager avec son époux le soin douloureux de secourir et consoler les familles infortunées, qu'une circonstance malheureuse avait condamnées aux larmes et à la douleur. Tout annonçait dans la jeune princesse une ame grande et généreuse ; et le peuple se plaisait à la contempler comme le digne objet qui devait fixer ses plus chères espérances. Fatiguées de ce tableau journalier de relâchement et de licence , dont les derniers temps du règne de Louis XV présentaient l'affligeant spectacle , la cour et la ville voyaient avec ravissement la jeune dauphine

offrir le modèle des mœurs pures et inno-
centes et de la beauté embellie par la dé-
cence : ses graces, son esprit, son amabilité
enchantaient tout le monde, et la rendaient
chaque jour plus chère aux français; les
tracasseries que lui faisait éprouver la favorite,
ne faisaient qu'ajouter au vif intérêt dont elle
était l'objet.

Forte de la tendresse et de l'attachement
de son auguste époux, elle supporta avec
calme et dignité des dégoûts, qui ne pouvant
être que passagers et de peu de durée, ne
firent qu'effleurer son ame sensible et fière.
Occupée uniquement du bonheur de Louis
XVI, elle oubliait les torts injustes du vieux
monarque; et les écarts d'une créature, vile
à ses yeux, ne devaient point altérer la douce
sérénité de son cœur.

Le temps, ce destructeur impitoyable, qui,
dans sa marche constante et rapide, entraîne
indifféremment le monarque et les sujets, devait changer cet ordre de choses; et en ar-
rachant les jeunes époux à une dépendance
pénible devait aussi leur faire parcourir le
cercle douloureux des vicissitudes les plus

accablantes. A peine assis sur le trône de ses pères, Louis XVI vît s'entr'ouvrir sous ses pas un abyme profond qui dut l'effrayer et l'intimider. Dans la circonstance difficile où il se trouva placé, MARIE-ANTOINETTE lui traça plus d'une fois la marche qu'il devait suivre, et lui offrit souvent des conseils, où brillèrent à-la-fois sa pénétration, sa politique et son courage; et l'histoire, en peignant ces temps désastreux, prouvera sans doute, que, si MARIE-ANTOINETTE avait tenu les rènes de l'état, elles n'eussent point flotté incertaines dans ses mains; que la révolte et la violation des principes eussent été comprimées dès leur origine ; qu'un prince du sang n'aurait pas offert impunément l'exemple scandaleux d'un perturbateur et d'un factieux qui poussa l'oubli de ses devoirs les plus sacrés, au point de venir jusques sur les marches du trône, prêt à l'ensanglanter et à s'y asseoir; et si la fortune injuste et capricieuse eût trahi son noble courage et sa ferme intrépidité, elle aurait su du moins par un généreux dévoument tracer aux têtes couronnées un exemple illustre et mémorable.

Le caractère ferme et résolu dont cette princesse était éminemment douée ne lui permit jamais de se plier aux circonstances même les plus difficiles : courageuse au point de braver les plus grands périls et de vouloir maîtriser les événemens par le seul ascendant d'une volonté inflexible, elle dédaigna trop peut-être cet art mensonger d'une politique prévoyante qui sait composer avec la nécessité, en ménageant ou carressant même des passions dangéreuses : l'esprit de condescendance ne pouvait dans elle s'allier avec cette marche fixe et régulière que lui traçait son grand caractère : aussi, nous ne craignons pas de l'avouer, cette volonté poussée quelque fois en quelque sorte jusqu'à l'opiniâtreté put compromettre sans doute les intérêts de la monarchie, tandis qu'en s'écartant momentanément de la règle austère des principes, il eut été possible, facile même de produire les plus heureux changemens : en effet, si l'on transporte sa pensée vers ces temps orageux qui nous offrirent les premièrs actes du drame révolutionnaire, qui pourrait disconvenir que les hommes influens qui dirigeaient la révolu-

tion et sapaient chaque jour le trône jusqu'aux fondemens, pouvaient être accessibles
aux faveurs de la cour, et se laisser influencer
par les chatouillemens de l'ambition ? N'est-
on pas persuadé, convaincu, que des talens
fameux qui mettaient impitoyablement la monarchie en lambeaux, auraient certainement
changé de rôle, si la reine par l'inflexibilité
de ses principes, n'eût empêché les résultats
d'une politique commandée impérieusement
par la nécessité la plus rigoureuse. Mirabeau,
le célèbre Mirabeau, eût sans contredit cessé
d'être l'orateur du peuple, dès le moment où
il serait devenu le ministre de Louis XVI ;
et ce colosse révolutionnaire, après avoir
ébranlé la monarchie, et l'avoir poussée
jusques sur le penchant de l'abîme, aurait
pu la rétablir peut-être dans toute sa force
et sa splendeur, si MARIE-ANTOINETTE di-
rigée par des principes immuables qui ne lui
permettaient point de capituler avec les ennemis de la couronne, ne s'était opposée à
ce qu'il fût appellé au ministère.

Ainsi le chêne majestueux, dédaignant la
souplesse du roseau, n'incline point sa tête

superbe sous les coups redoublés des vents les plus impétueux ; et le roi des forêts sera déchiré, déraciné, plutôt que de se courber devant les plus fiers ouragans.

Cependant les événemens se pressent de plus en plus ; ils s'accumulent avec une rapidité effrayante ; chaque jour on voit arracher une colonne du temple monarchique ; chaque jour avilie, dégradée, la royauté semble pencher vers sa ruine : au milieu des outrages sans nombre et de toute espèce dont la cour est sans cesse abreuvée, tout semble ployer sous la force irrésistible des circonstances ; tout cède à l'empire tumultueux des passions déchaînées ; et dans cette lutte trop inégale, où la force et la fureur sont aux prises avec la douceur et la bonté d'un monarque, qui semble assurer le triomphe de sés ennemis par la tendresse inépuisable qui le porte à ménager ses sujets, MARIE-ANTOINETTE toujours ferme et résolue, fait seule tête à l'orage qu'elle semble braver avec un noble dédain. Son courage et sa persévérance sont inaltérables ; son caractère se déploie toujours avec cette noble assurance, avec cette imposante majesté qui fait plus d'une fois frémir ses ennemis, et qui commandent le respect et l'admiration de la postérité. Quelle noble fierté ne montre-t-elle point, lorsqu'on vient l'insulter jusques dans son palais ! Que de fermeté, que de grandeur d'ame, lorsque des hordes nombreuses cherchent à l'effrayer de leurs horribles menaces !

Entourée de son auguste famille, elle semble protéger de la force de sa grande ame la faiblesse de ces rejettons illustres, qui dans des temps plus heureux, feraient la gloire et l'ornement de la France.

A quelles pénibles souffrances dut être livré le cœur généreux d'une mère sensible, au milieu de cette troupe de forcenés, qui foulant aux pieds la majesté du pouvoir souverain, brisant en quelque sorte la dignité du trône, venait insulter ses maîtres jusques dans leur asile sacré ! De quelle grandeur d'ame ne fallait-il pas être doué pour en imposer à ces furieux livrés aux débordemens des passions les plus féroces ? Qu'on se rappelle le caractère magnanime que déploya la Reine, dans ces terribles circonstances : plusieurs fois elle

traversa ces dangéreux attroupemens com-
posés d'individus capables de se porter aux
derniers excès, aux plus sanglans outrages ;
et toujours on la vit, le front calme et serein,
déployant cette majestueuse dignité, qui semblait dire aux rebelles : Je ne vous crains
point; et malgré vos fureurs, je vous forcerai
à respecter votre souveraine. Tel est l'ascendant irrésistible d'un caractère ferme et résolu, qu'il arrête comme par enchantement,
les flots tumultueux des passions les plus fu-
rieuses et les plus acharnées ! Telle était l'égide
protectrice qui préserva si souvent la princesse des plus grands périls, et l'arracha
comme par miracle aux fureurs de la mul-
titude. Ce noble élan d'un caractère si magnanime ne se démentit pas un seul instant : ce
n'était point chez la Reine de ces éclairs passagers qui brillent de loin en loin, pour disparaître ensuite, et se cacher dans l'ombre et
les ténèbres : cette flamme sublime jetta cons-
tamment la lumière la plus vive et la plus
soutenue : et dans les conjonctures les plus
difficiles, dans ces momens redoutables, où
tous les esprits étaient épouvantés, MARIE-

ANTOINETTE conserva son courage, et ne se laissa point intimider par les dangers même les plus graves et les plus imminens. Funeste et cruelle journée du dix août, tu fis briller dans tout son éclat ce caractère grand et magnanime : tu nous montras la Reine disposée à braver et les fureurs du peuple et les foudres de la guerre ; prête à affronter la mort, et à rallier autour du trône par son courage et sa noble intrépidité ses appuis et ses défenseurs. Quelle scène imposante et terrible ! De nombreux bataillons investissaient toutes les avenues du château des Tuileries : la cour, entourée d'une faible garde et de quelques serviteurs fidèles qui, à la vue du péril, s'étaient ralliés autour du monarque, ne pouvait opposer qu'une poignée d'hommes à une armée immense : le mouvement d'une artillerie formidable, les cris de rage et de fureur d'une partie des assaillans, un tel spectacle était bien fait sans doute pour intimider le courage le plus intrépide. Cependant à la vue de ces préparatifs menaçans, bien loin de s'effrayer, la digne fille de *Marie - Thérèse* sentit en quelque sorte sa grande ame se développer :

inaccessible à la faiblesse et à la crainte, elle ne vit point la chance meurtrière des combats ; elle ne calcula point les dangers d'une défense presque impossible ; elle ne connut, elle n'éprouva qu'un seul sentiment, celui de vaincre, ou de s'ensevelir sous les décombres de la monarchie. Dans cette circonstance urgente et décisive, elle se présente à Louis XVI, un pistolet à la main

« Le moment est venu, lui dit-elle, où vous
« devez prouver que vous êtes digne de ré-
« gner : on menace votre couronne ; vous de-
« vez la défendre : paraissez à la tête de vos
« gardes ; montrez-vous disposé à repousser
« la force par la force ; et tout rentrera dans
« l'ordre : le temps presse, ajouta-t-elle, tout
« est perdu, si vous ne prenez de suite le seul
« parti que vous prescrivent les circonstances :
« ne croyez pas que ce peuple qui vous brave,
« parce qu'il vous croit faible, vous res-
« pectera davantage, lorsqu'il vous aura
« vaincu et enchaîné : craignez les effets de
« sa fureur ; craignez-les, et pour vous et
« pour votre famille ».

Le vertueux monarque était capable sans

doute d'écouter et de suivre les nobles inspi-
rations du courage : mais sa douceur et sa
bonté ne lui permirent pas de supporter la
pensée de voir couler sous ses yeux le sang
de ses sujets, quelques coupables qu'ils fussent.
Le doigt de l'éternel avait marqué ce moment
redoutable pour celui de la chûte de la monarchie, soit pour offrir à la terre un exemple
mémorable de la fragilité des grandeurs ter-
restres, soit pour faire connaître aux nations
à quels terribles fléaux elles s'exposent, en
brisant de leurs coupables mains l'égide tutélaire d'un pouvoir paternel et protecteur,
qui peut seul opposer un mur d'airain, soit
aux sanglantes factions, soit au féroce des-
potisme.

Les décrets terribles sont accomplis ; l'arbre
majestueux qui avait jeté de profondes racines
sur le sol de la France, à laquelle il offrait
un abri bienfaisant, a succombé sous la
hache meurtrière des partis : la bannière de
la révolte a usurpé sa place, après avoir dis-
persé ses utiles rameaux : bientôt elle couvrira
ce sol infortuné de ruines et de cadavres ;
et cette terre si féconde, devenue stérile, ne

sera plus arrosée que .de sang et de larmes :
bientôt l'ordre des temps, la saison des âges
seront intervertis ; et la faux meurtrière de
la mort frappera impitoyablement cette vive
et brillante jeunesse qui, par une destruction
anticipée, laissera sans consolation la vieil-
lesse triste et délaissée, et sans appui, cet
âge faible et tendre, qui appellera vainement
ses protecteurs naturels.

Mais suivons l'auguste famille dans l'in-
digne demeure qu'on lui a fixée : contemplons
la dignité souveraine déchue de ses préroga-
tives et de ses droits, pour être précipitée
du faîte des grandeurs dans l'abîme profond
de la plus cruelle adversité. L'héritier de soi-
xante-sept monarques est arraché de son
palais, pour être enfermé dans la tour du
Temple : son illustre compagne, la fille des
Césars, a été dépouillée de ce rang élevé, où
sa naissance et ses qualités personnelles l'a-
vaient également appelée, pour être mise
dans les fers. Ces tendres rejetons, l'espoir
de l'état, le gage de la prospérité publique,
qui ont à peine salué l'aurore de leur existence, voient tout-à-coup s'éclipser la gran-

deur de leur rang , disparaître les hommages qu'ils étaient appelés par leur illustre naissance à recueillir : ainsi, la rose printannière, après s'être épanouie sous la douce influence de l'astre lumineux , perd tout-à-coup son éclat et sa fraîcheur, que lui a ravis le souffle empoisonné d'un vent brûlant. Désormais c'est à l'école du malheur, c'est sous le poids des plus cruelles tribulations, sous les yeux des infortunés auteurs de leurs jours , que les Enfans de France vont faire le dur et pénible apprentissage de la royauté. Tristes et fâcheuses vicissitudes des grandeurs d'ici-bas , et qui nous prouvent bien tonte la fragilité ou plutôt le néant des dignités humaines. O vous qui connaissez les douces émotions du sentiment ! vous que les vices du siècle n'ont point dégradés , corrompus , portez vos regards sur ce touchant spectacle , qui doit exciter à-la-fois votre attendrissement et votre admiration. MARIE - ANTOINETTE n'est plus cette princesse auguste qui, assise sur un trône puissant, déploya toujours ces qualités sublimes qui rendront sa mémoire chère à la postérité : elle n'est plus cette Reine adorée , qui embellissait le trône par ses vertus et par cette dignité majestueuse qui frappait et attirait tous les regards : c'est une victime touchante des caprices injustes de la fortune ; c'est une mère de famille qui concentre ses nobles occupations sur les dignes objets de son amour et de sa tendresse ; c'est-là que ses regards ainsi que sa pensée se portent continuellement : avec quelle généreuse sollicitude ne veille-t-elle pas sur-tout ce qui peut intéresser leur existence. Son cœur souffre, sa grande ame est souvent attérée ; mais ses souffrances personnelles ne sont comptées pour rien dans les larmes amères qu'elle est forcée de répandre. Si ses yeux versent souvent des pleurs, c'est en les portant sur cet époux vertueux, si digne d'amour et de respect : si son cœur se gonfle de chagrin, c'est lorsque sa pensée se fixe sur ces jeunes et intéressantes victimes dont elle pressent la douloureuse destinée : ses alarmes sont souvent cruelles et terribles , parce que le sentiment qui les produit est aussi vif que profond. Qui pourra consoler cette intéressante famille au milieu de tant et de si pénibles tribulations ? La vertu

peut-elle donc supporter de si fortes épreuves?
L'auguste fille du ciel, cette vierge pure et res-
pectable qui sait si bien alléger les maux des
mortels infortunés, tristes jouets de la perver-
sité humaine, a pu seule créer ces sublimes
consolations qui soutiennent avec tant de force
et de sécurité les victimes illustres précipitées
dans un abîme de souffrances. Ce noble caractère que la nature a départi à la Reine, puise
sur-tout dans les principes sacrées d'une reli-
gion révérée, ses forces et sa constance ; et
si, vaincue, prête à succomber sous le poids
excessif des tourmens qui s'accroissent chaque
jour, cette princesse sent quelquefois son courage s'affaiblir et sa force l'abandonner, bientôt cet ange de paix, de douceur et de bonté,
que les liens du sang ont associée à ses malheurs, lui présente ces pensées sublimes et en-
traînantes qui élèvent l'ame jusqu'au créateur
suprême, et effacent, en quelque sorte, jusqu'aux sentimens des plus horribles souffrances.
Sans doute il fallait la réunion et le secours
d'un si puissant auxiliaire, pour pouvoir supporter un sort qui excède les forces humaines.
Qu'on se peigne cette Reine illustre en butte

à tous les outrages, à toutes les tracasseries, inquiète sur le sort qu'on prépare à son auguste époux, effrayée des traitemens cruels qu'on lui fait souffrir, privée fréquemment de toute consolation par la séparation brusque et douloureuse de tout ce qu'elle a de plus cher au monde, ne prévoyant que trop la destinée inévitable qui l'entraîne, et à laquelle aucune puissance ne saurait la soustraire : obligée souvent de dissimuler sa tendresse pour ne pas offrir à ses persécuteurs de nouveaux moyens de torturer son cœur : forcée tant de fois à dévorer seule et en silence sa douleur : privée à la fois de ses douces et touchantes consolations et ne pouvant épancher son ame, entourée de ses bourreaux qui épiaient jusqu'aux plus douces affections de la nature, pour les étouffer ou les punir, par un raffinement de persécution et de cruauté. Dieu! quelle fermeté a pu supporter tant de souffrances ; et quelle ame a pu résister à tant de secousses! Cependant l'événement le plus cruel ne s'est point encore appesanti sur elle ; ils sont dans les fers ; ils souffrent tous les tourmens ; mais ils vivent tous encore ; et une séparation éternelle n'a point frappé du

coup le plus funeste l'auguste victime : hélas !
le plus cruel sacrifice est résolu : Marie-
Antoinette a pu survivre à la perte du trône ;
mais comment survivra-t-elle à la perte de cet
époux qui ne vécut, qui ne respira que pour
elle, et qui lui donna tant de marques de son
amour ? Clartés célestes, couvrez - vous des
ombres de la nuit ! ô terre, séjour de crimes
et de larmes, couvre-toi d'un crêpe funèbre !
le meilleur des Rois a péri victime de son amour
pour son peuple ! Puissance divine, vous seule
avez pu soutenir jusqu'à ce jour le courage
surnaturel de cette Princesse digne d'un sort
aussi heureux qu'il est cruel : vous seule pouvez l'empêcher de succomber sous le poids
de sa douleur : vous seule pouvez lui mon-
trer qu'il est des devoirs auxquels on doit
se sacrifier : inspirée par cette tendresse
inépuisable qui l'attache si fortement à ces
augustes orphelins qui réclament jusqu'aux
dernières étincelles de son amour, l'infortunée
Reine va supporter encore l'accablant fardeau
de la vie, pour boire, hélas! jusqu'à la dernière goutte, la liqueur dégoûtante qu'elle doit
prendre dans le calice de la douleur. Ainsi,

elle étoit réservée à souffrir tous les genres de supplices qui pouvoient froisser et tourmenter sa grande ame.

Bientôt elle arrivera au terme de ses malheurs et de ses souffrances : bientôt elle partagera le sort funeste de son vertueux époux. Tendresse maternelle, à quels cruels tourmens serez-vous livrée! quel affreux avenir! Laisser sur cette terre sanglante, dans les fers et la captivité ces chers orphelins, seuls, sans appui, au milieu de leurs ennemis les plus implacables, quel cœur ne serait brisé, anéanti, à cette triste et accablante pensée? En vain la force et la raison cherchent à éloigner cette affreuse image; le cri perçant de la nature, l'accent touchant de l'amour maternel viennent frapper à chaque instant l'imagination effrayée de la Princesse. Ils n'auront plus d'appui, ils n'auront plus de consolation : tout leur sera ravi; l'espérance elle-même, qui se plaît à verser sur les plus cruelles blessures un baume vivifiant et consolateur, l'espérance s'enfuira épouvantée, et désertera ce triste séjour où le crime compte ses victimes, pour les précipiter dans le gouffre de l'éternité. Dieu! quel sort affreux! et ce sont là les tristes préludes du sacrifice que le crime et la fureur doivent ordonner.

C'en est fait; la catastrophe approche : l'ame oppressé sous le poids accablant des tourmens les plus horribles, l'esprit affaissé, anéanti, l'infortunée mère a dit un éternel adieu à ses tristes et malheureux enfans. Pour la dernière fois, elle connaît les étreintes de la tendresse, d'une tendresse, hélas! bien douloureuse! Princesse adorable, ange de douceur et de bonté, vertueuse Elisabeth, c'est sur vous seule désormais que doit porter tout le fardeau de la douleur; c'est à vous qu'est confiée le précieux dépôt : c'est vous qui devez présider aux destinées de ces tristes orphelins, de ces intéressantes victimes. Ah! sans doute, vous étiez bien digne de cette honorable confiance, et le sort de ces précieux enfans du malheur ne pouvait être confié à des mains plus pures : mais, hélas! pouviez-vous échapper à la fureur des factions? vos vertus touchantes et sublimes n'étaient-elles pas un titre suffisant à la proscription et à la mort? Cette douloureuse pensée n'avait point échappé aux tristes pressentimens de la Reine , et cette cruelle conviction dut ajouter un grand poids à l'amertume de ses chagrins

Mais quittons ce tableau déchirant , et suivons l'infortunée MARIE-ANTOINETTE au lieu redoutable où l'on doit décider de son sort. Contemplons cette scène terrible où l'auguste Princesse déploya plus que jamais ce caractère sublime qui attache autant qu'il étonne : voyez avec quel calme, avec quelle dignité elle répond à ses accusateurs ; avec quelle présence d'esprit elle repousse leurs odieuses calomnies ; avec quel art elle évite, dans ses réponses, tout ce qui pourrait compromettre quelques serviteurs fidèles. Elle écarte avec une sagacité qui ferait honneur au plus habile légiste, toutes les questions insidieuses qui tendaient à envelopper d'autres infortunés dans sa disgrace. Qui pourrait lire les pièces de ce célèbre procès, sans être pénétré d'admiration pour le caractère magnanime et les talens supérieurs que la Reine déploya dans ces terribles circonstances? Le trouble et l'inquiétude ne la dominèrent pas un seul instant ; et ses réponses, faites avec au-

tant de justesse que de précision, durent exciter un étonnement universel. Mais ce qui frappe, ce qui transporte, ce qui ravit, c'est cette réponse sublime, admirable, extraordinaire que lui dictèrent à-la-fois son cœur et son génie, lorsqu'on eut la coupable audace de lui faire l'interpellation la plus monstrueuse : « Je de-
» mande, s'écria-t-elle avec l'accent d'une
» noble et généreureuse indignation, s'il est
» dans cette enceinte une seule mère de fa-
» mille qui n'ait pas frémi, en entendant pro-
» noncer une pareille infamie. »

Mais que pouvaient les talens et le courage, ou même la vertu, contre ce torrent destructeur, qui, dans ses affreux ravages, devait épouvanter la terre et les siècles futurs de ses horribles fureurs ? L'épouse de Louis XVI était destinée, comme lui, à recevoir la palme du martyre.

Augustes enfans de France, que deviendrez-vous ? Nobles et intéressantes victimes, qui pourra désormais alléger vos souffrances, vous consoler dans vos douleurs ? qui pourra essuyer ces tristes larmes que votre cruelle destinée va vous forcer chaque jour

à répandre ? qui cicatrisera ces plaies sanglantes qui, chaque jour, vont s'agrandir ?
Hélas! la dernière consolation, le dernier appui
qui vous restent, vont vous être inhumainement
ravis : vous ne verrez autour de vous que la
destruction, le carnage et la mort. Quelle
puissance protectrice pourra donc vous arracher de cet odieux séjour? Que deviendra l'hé-
ritage de vos pères? quel sera votre sort? aban-
donnés de la nature entière, jetés au milieu des
hommes, comme un voyageur au milieu d'une
île déserte, vous serez les tristes jouets du sort le
plus rigoureux. Passions affreuses, factions sanglantes; dévorerez-vous jusqu'au dernier re-
jeton de l'illustre famille ? Est-ce donc ainsi
que sera foulée, brisée, anéantie la fleur des lys
à qui la France doit tant de siècles de jouissances, de bonheur et de gloire? Déjà cette
plante majestueuse se courbe languissamment;
un bouton précieux de cette auguste tige va se
flétrir et disparaître sans retour : son existence
a été mutilée par le souffle impur du plus cruel
Aquilon. Qui protégera et sauvera les précieux
restes qui échapperont à la faux meurtrière?
Dieu tout puissant, vous seul pouvez opérer

cet éclatant phénomène ; vous seul pouvez recueillir et rétablir sur leur sol natal ces rameaux épars et dispersés ; vous seul pouvez
assurer un abri tutélaire à cette fleur tendre
et délicate, échappée, comme par miracle,
aux secousses les plus violentes des vents les
plus impétueux : sauvée sous l'égide de votre
divine bonté, elle offrira un jour le spectacle
le plus touchant et le plus admirable ; elle pa-
raîtra au milieu de ce peuple naguère livré
aux plus funestes égaremens : sa présence sera
celle de l'ange consolateur ; devant elle mar-
cheront la paix, la concorde et le bonheur.
Avec quel ravissement tout un peuple, ivre
d'amour, de joie et d'espérance, contemplera
cette heureuse production sur laquelle la nature s'est plu à verser ses dons les plus riches,
et la Providence ses faveurs les plus signalées
et les plus extraordinaires.

F I N.

Conformément aux réglemens , nous déclarons contrefaits tous les exemplaires qui ne seraient pas signés par nous ,

Se vend , chez les mêmes Libraires : *l'Oraison funèbre de Loui XVI.*

Nous avons sous presse le premier Numéro du FURET , par le même Auteur.

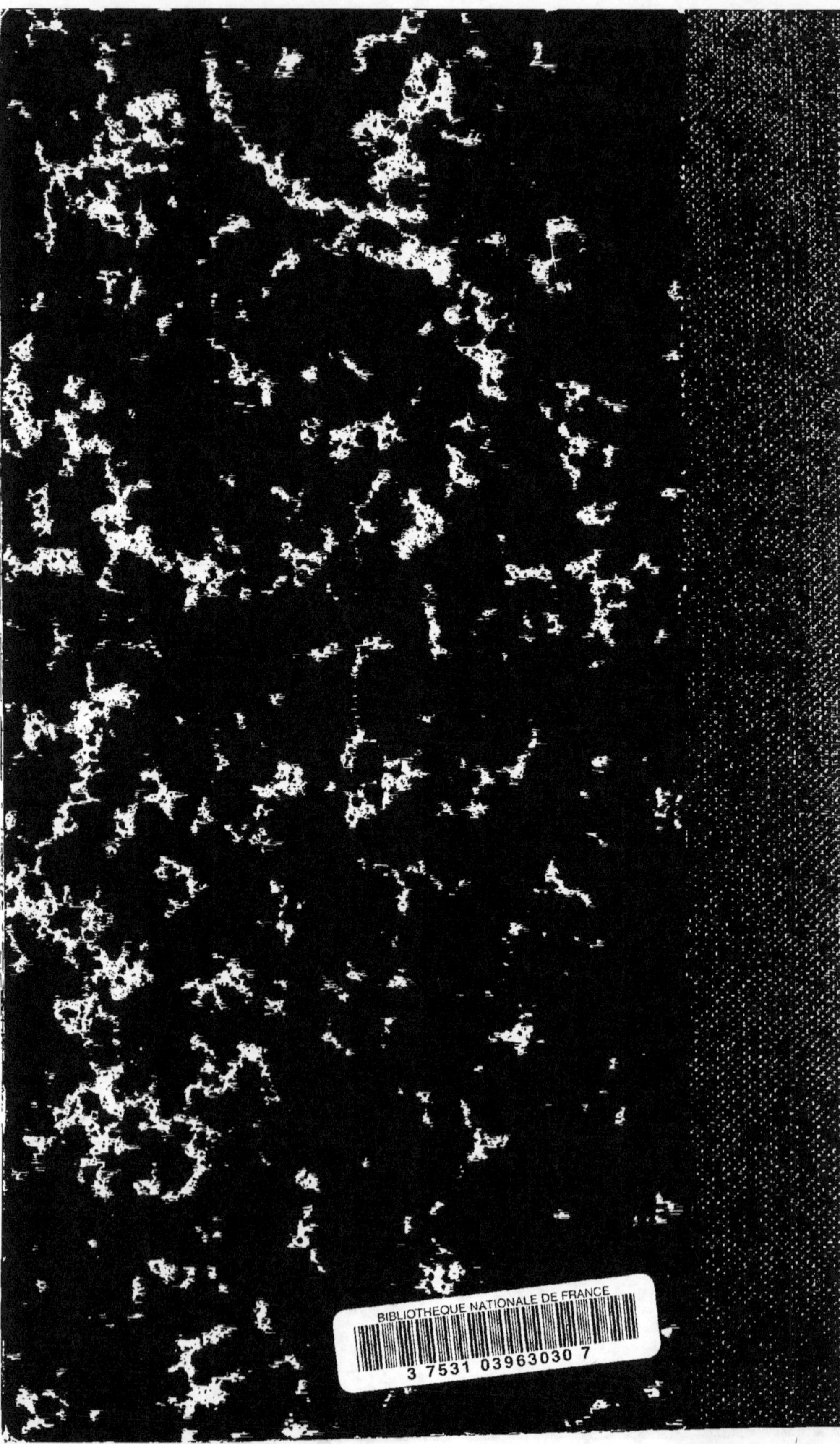
BIBLIOTHEQUE NATIONALE DE FRANCE

3 7531 03963030 7

www.ingramcontent.com/pod-product-compliance
Lightning Source LLC
LaVergne TN
LVHW010332030726
842520LV00004B/1412